✧ 프롤로그 ✧

CONTENTS

Episode. 1 웰컴 투 더 정글

정말 재밌다 · 화해의 반전 · 사전 협상 · 옷 빌려 입기 1 · 돌아올 수 없는 강 · 기쁜 날 · 월리씨의 수줍음 · 개악당 와이프 · 눈 떠라, 눈 떠! · 차가운 생수 사용법 · 책임 전가 · 공기 청정기 · 첫 각방 · 계약 성사 · 보상 예고제 · 전장의 시작 · 위로보다 중요한 것 · 니 꺼도 내 꺼 · 곤란해 · 없으면 죽고 못 사는 것 · 코골스탑 체험기 · 클럽 가기 · 아이패드 구입기 · 그게 할 말이가! · 놓치지 않아 · 흥! · 마지막 저항 · 신고식 · 그냥 · 바보 · 선택권 · 월리씨의 얼굴 길이 · 분위기 전환 · 헛소리 · 참외칩 · 그냥 안 줌 · 스무디 만들기 · 거짓말 · 아무 것도 모르면서 · 드디어 복수 · 변한 당신 · 연습 · 자꾸 그러니까! · 공기 청정기는 알고있다 · 기념 · 오빠라고 부르면! · 내가 해볼게 · 그럴 리가 없는데 · 방해 1 · 방해 2 · 군만두 인터셉트 · 바디 로션 · 생각은 해도 되잖아! · 갑.똥.좀 · 안 들린다 · 현질 · 자랑하면 안 된디 · 심심한 아내 · 그러면 좋겠다 · 분위기 전환 · 월리씨의 고무

Episode.2 왈가 월리의 꿀 빠는 일상

내 꺼라고! · 꼭 보고 잔다 · 좀 봐줘! · 월리씨와 탄산음료 · 어깨 운동 · 생각 읽기 · 월리씨의 잠꼬대 · 월리씨의 가을 패션 · 간밤의 비밀 · 세차 · 아니, 전혀 · 강.력.어.필 · 월리씨의 소확행 1 · 손가락 휘슬 자랑 · 다들…! · 하나도 모르겠던데 · 잔소리 대항 · 간밤의 꿈 · 양말 인터셉트 · 월리씨의 소확행 2 · 꿀팁 전수 · 너무 하네 · 옷 빌려 입기 2 · 대답 없는 그녀 · 추위를 피하는 방법 · 월리씨의 견적서 · 동질감을 느낀다 · 미리 보는 내일의 나 · 호두의 방해 · 살인 예고 · 암살 시도 · 구입 전, 구입 후 · 엄청난 패션 · 나만의 방법으로 · 적극적인 날 · 자동차 구입기 1 · 자동차 구입기 2 · 자동차 구입기 3 · 자동차 구입기 4 · 그것도 내 꺼 · 잔소리 들은 날 · 자면 안 돼! · 주세요 · 하나 된 마음 · 합리적인 아침

Episode.3 그래도 일단은 신혼입니다

서울 여행 1 · 서울 여행 2 · 서울 여행 3 · 서울 여행 4 · 일본 여행 1 (오사카) · 일본 여행 2 (오사카) · 일본 여행 3 (오사카) · 일본 여행 4 (오사카) · 일본 여행 5 (후쿠오카) · 일본 여행 6 (후쿠오카) · 습관성 놀리기 · 두 조각만! · 월리씨 늦게 퇴근하는 날 · 모순 · 아닐걸 · 붕어빵 구입기 · 남편의 존재 이유 · 악몽 · 소재 만들어 주기 · 나도 같이 · 분노의 외출 1 · 분노의 외출 2 · 놀아줘 · 당신이 멋있어 보이는 순간 1 · 거꾸로 자면 · 당신이 멋있어 보이는 순간 2 · 목욕 타임 · 단순한 당신 · 싫-어-! · 프로포즈

Episode I

웰컴 투 더 정글

01 정말 재밌다

깝친자의 최후

　 02 화해의 반전

화 나게 하지 마라...

03 사전 협상

그렇게 그린 에피소드

04 옷 빌려 입기 1

05 돌아올 수 없는 강

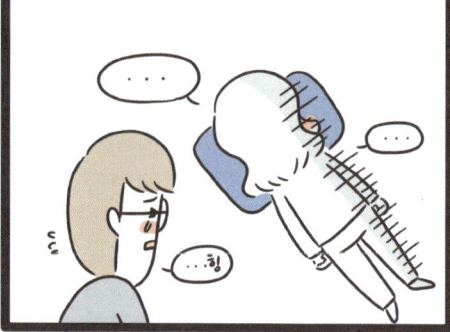

용돈 수거 적금통장 개설 예정

 06 기쁜 날

혼자 비빔면 두 개 끓여먹을거야

07 월리씨의 수줍음

뽕빵이의 길

08 개악당 와이프

09 눈 떠라, 눈 떠!

🐱 10 차가운 생수 사용법

11 책임 전가

양심 그런 거 없는데!!!!

12 공기 청정기

13 첫 각방

사실상 혼자 버려진 건 나일지도...

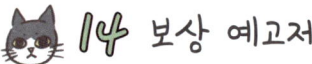

하 참 눈치는 빨라가지구

15 전쟁의 시작

🐱 16 위로보다 중요한 것

잘 숨겨 놨어야지! 엣헴

18 곤란해

흥 칫 뽕 쳇

19 없으면 죽고 못 사는 것

20 코골스탑 체험기

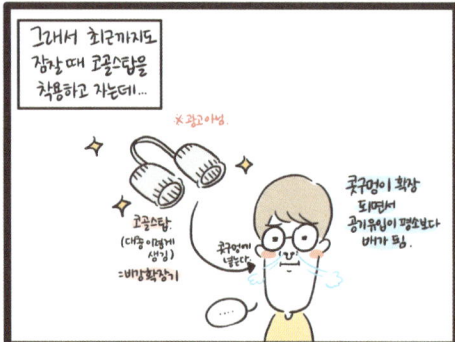

코뚜레가 되었다...!!

🐱 21 클럽 가기

세월이여

22 아이패드 구입기

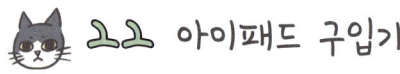

이래놓고 소심해서 안 들고감

23 그게 할 말이가!

말로 명치 맞은 느낌

24 놓치지 않아

세차는 핵 귀찮아

뽕빵이 인증 만화

일부러 평범한(?) 사진으로 했는데욥!!

 그냥 그냥

속눈썹에 이은 그냥 빌런

 29 바보

썩음 인정

30 선택권

31 월리씨의 얼굴 길이

턱 길이가 포인트

32 헛소리

10만명의 원빈 팬들이 분개하는 소리가 들린다

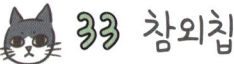

(재빨리 뒷걸음질 친다)

34 그냥 안 줌

만화 감상 꿀팁

chapter 1. 감정변화는 볼터치로 알수있다!

벌써 아시는 분들도 계시겠지만 표정 외에도 볼터치로 감정표현을 나타내고 있습니다.

〈평소 캐릭터의 볼터치 위치〉

(월리씨도 마찬가지..!)

요렇게 양 사이드에 자리 잡고 있는데요.

그때그때의 감정에 따라 볼터치의 위치 or 크기가 바뀝니다.

ex) 분노, 당황, 슬픔

공통적으로 코 (눈 잘 안그리지만..) 부분에 위치.

요렇게 컬러가 바뀔때도 있어요!

(추울때)   (공포)

볼터치 크기가 변화하는 상황입니다.

ex) 기쁨, 부끄러움, 흥분

미묘한 차이가 보이시나요? (쪼끔쪼끔)

잘 그려진 얼굴만 얼굴 전체가 붉어질 때도 있습니다.

이때는 극도의 부끄러움, 창피, 수치, 대노... 했을때의 상황

볼터치에 대한 설명은 여기까지!

35 스무디 만들기

다음엔 과일 말고 채소 녹즙으로 도전할 예정

 36 거짓말

너무해...

37 아무 것도 모르면서

이너 뷰티

 38 드디어 복수

 39 변한 당신

40 연습

연습하는 거 어째 알았지?

41 자꾸 그러니까!

가창력을 뽐내고 기관지를 잃는다

🐱 42 공기 청정기는 알고있다

 기념

무서운 사람...

🐱 45 내가 해볼게

한 판으로 진짜 게임 못하게 끝내버린 남자

46 그럴 리가 없는데

47 방해 1

조... 조용히 해...

49 군만두 인터셉트

정작 뺏어 먹고 그 이후로 안 먹는 나

50 바디 로션

51 생각은 해도 되잖아!

이러고 며칠 후 치킨 시켜 먹음

🐱 52 갑.똥.존

언어의 마술사

53 현질

만 원이나 결제하고 3일 후 게임 그만 둠

54 자랑하면 안 된디

그래서 이렇게 자랑해봅니다.

55 심심한 아내

볼륨 최대로 높이기

56 그러면 좋겠다

57 분위기 전환

복수로 턱 길게 그림

58 윌리씨의 고문

Episode II

왈가 월리의 꿀 빠는 일상

🍦 **01** 내 꺼라고!

유일하게 윌리씨 따르는 시간

02 꼭 보고 잔다

03 좀 봐줘!

04 월리씨와 탄산음료

🍦 05 어깨 운동

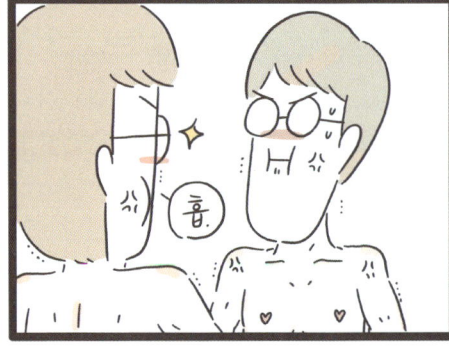

다음 날...

06 생각 읽기

문제는 요즘 들어
뭘 하기도 전에
월리씨가 알아채린다는 것.

시무룩...

07 월리씨의 잠꼬대

만화 보는 김에 우리집 고앵이들 보고 가기

정말 보기 어려운 두 고앵이가 같이 자는 모습

자두에게 먼저 시비 걸었다가
상황이 불리해지자 애교를 시전하는 호두

08 윌리씨의 가을 패션

월리 용돈으로 사는 거지?

09 간밤의 비밀

윌리씨는 이 사실을 말해줘도 믿을 수 없다며...

🍦 12 강.력.어.필

어필하다가 살 빠지겠네

13 월리씨의 소확행 1

14 손가락 휘슬 자랑

올 가을을 기대해봅니다

🍦 15 다들...!

모두들 고마워 후후후

16 하나도 모르겠던데

월리씨 주량 = 맥주 반 잔

17 잔소리 대항

동군영 = 항문

 18 간밤의 꿈

뭐야... 무서워...

🍦 19 양말 인터셉트

하지만 양말이 약간 커서 불편

남편이 이상해 ..... ㄷㄷ

🍦 21 꿀팁 전수

귀찮...

22 너무 하네

헛소리 대잔치

23 옷 빌려 입기 2

집에 가서 또 절해야겠다

24 대답 없는 그녀

주륵...

🍦 25 추위를 피하는 방법

26 월리씨의 견적서

사고 싶은 것은 빠르게 작업한다

너두? 나두!

미리 보는 내일의 나

다행히 이번엔 울지 않고 돌아왔어요...!

29 호두의 방해

잘 키운 호랑이

30 살인 예고

하루 5회 이상 예고하는 게 문제

만화감상 꿀팁

Chapter 2. 월리씨 얼굴길이의 비밀

때때로 만화를 감상하시다가...

라는 생각이 드실 때가 있을 겁니다...!

이때는 십중팔구 작가가 몹시

언짢은 상황이거나

서로 화해는 했지만 약간 삐져있는 상황.

요 두가지 상황일때 저는 소소한 복수를 하곤하죠.

처음에는 그런 의도가 전혀 없었는데
만화를 그리면 그릴수록 독자분들께서 언급해주시더라구요.

지금와서 생각해보면 무의식 중에 감정이 담기게 된게 아닌가 싶습니다.

어쨌든! 월리씨의 얼굴 길이가 유난히!!
길어보이는 날은 "작가가 좀 언짢구나..."라고
생각하시면 되어요!

31 암살 시도

뒤에도 눈이 달렸나?

🍦 32 구입 전, 구입 후

33 엄청난 패션

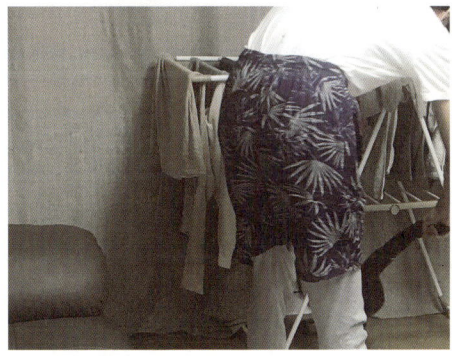
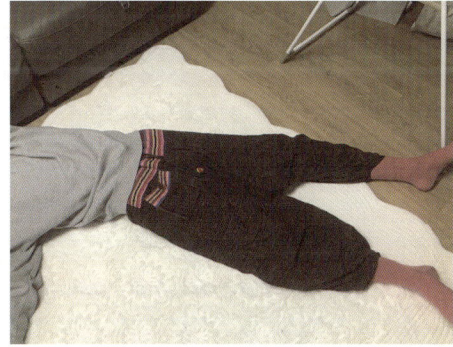

충격과 공포

🍦 34 나만의 방법으로

똑같은 맛이 났으면 됐어...

역시 놀리는 건 재밌어

36 자동차 구입기 1

한 만 원쯤 보탰나보다

37 자동차 구입기 2

집요함으로 승부를 걸고 있다

38 자동차 구입기 3

39 자동차 구입기 4

🍦 40 그것도 내 꺼

🍦 42 주세요

🍦 43 하나 된 마음

아오... 김월리

🍦 44 합리적인 아침

안심하고 먹는다

Episode Ⅲ
그래도 일단은 신혼입니다

🍺 01 서울 여행 1

부들부들...

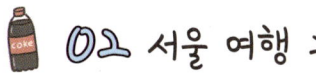 02 서울 여행 2

실제로 알아보는 분들이 계셔서 너무 신기한 하루였습니다.

03 서울 여행 3

양아치의 길

04 서울 여행 4

05 일본 여행 1 (오사카)

06 일본 여행 2 (오사카)

07 일본 여행 3 (오사카)

표정이 모든 걸 말해준다

08 일본 여행 4 (오사카)

09 일본 여행 5 (후쿠오카)

역시 놀리는 건 재밌어

10 일본 여행 6 (후쿠오카)

해외 나가서 한국 라면 면세로 구입한 사람 = 나

11 습관성 놀리기

내가 더 심한 말 할라 했는데 간신히 참음

12 두 조각만!

맞긴 맞는데! 어?!

13 월리씨 늦게 퇴근하는 날

최선을 다 해 반겨 주마!!!!

14 모순

긴팔은 갑갑행...!

15 아닐걸

식사 후 사라진 열정

만화감상 꿀팁

chapter 3. 헤어스타일.

캐릭터와 실물의 헤어스타일이 왜 다른가에 대한
질문을 퐁퐁 받고 있습니다.

캐릭터는 깔끔한 단발

실물은 숱 않은 롱헤어

캐릭터는 초창기 캐릭터 구상시에 제가 뚝단발이었기
때문에 그렇게 굳어진 이유도 있고

아오 진짜 앞머리 언제 기냐...

당지 앞머리가 거지존에서
도무지 자라지않아
힘겨워 하던 작가가

제일 웃성겨 보이고
방에나게 됨든 시기

너만은..!
이마가 시원하게...

만화에서 인름은
시원깔끔하게 이마를
드러내고자 하여
영원을 가득담아 제작!!

그렇게 탄생한 '올가' 캐릭터는

짜 쟌

이후 3년간..

- 손에 익었다는 이유.
- 캐릭터의 고정적 스타일 유지.
- 롱헤어보다 그리기가 쉽다.
⋮

등의 이유로 (헤헿) 쭉 유지하고 있습니다.

헤어스타일의 변화가 필요한 에피소드에는
과감히 바꿔주고 있어요.

월리씨도 같은 이유 입니다.

16 붕어빵 구입기

호빵은 또 팥을 좋아함

17 남편의 존재 이유

호옹 그렇군?

 18 악몽

덜덜...

🍺 19 소재 만들어 주기

그래서 그린 만화

🍺 20 나도 같이

앰플이라도 몰래 바르면 진심 화낼 각

21 분노의 외출 1

22 분노의 외출 2

운전은 잘 하지만 주차는 못했던 초보운전 시절 이야기

# 그로 놀아줘

트루 러브

24 당신이 멋있어 보이는 순간 1

트루 러브 2

25 거꾸로 자면

26 당신이 멋있어 보이는 순간 2

최강용사 김용사!!!!

27 목욕 타임

윽쑤 쑥스럽그로!!!!

28 단순한 당신

재빠른 태세전환

29 싫-어-!

줄 거면서 괜히 싫다고 하기

# 30 프로포즈

이렇게 결혼하게 되었습니다

✦ 에필로그 ✦

우리 부부의 첫 일상툰을 그렸었던 때가 생각납니다.

당시 남자친구였던 윌리 씨가 아귀찜을 흡입하고, 후식으로 찐빵을 3개나 먹은 데 이어, 또 다른 야식을 먹자고 제안해, 이미 배가 터질 것 같았던 제가 질색팔색 하는 내용의 네 컷 만화였죠. 당시엔 연애 초이기도 했고 서로 콩깍지가 단단하게 씌어있던 상황이라 그런 어이없는 모습마저도 참 웃기고 예뻐 보였던 것 같습니다.

그 모습을 오래도록 기억하고 싶었고, 가능케 하는 수단이 무엇이 있을까 고민하다, 제가 가장 잘 할 수 있었던 그림으로 기록하게 된 게 그 시작이었는데요. 가벼운 마음으로 시작했는데, 어느새 많은 분들이 구독하고 계시는 부부 일상툰 중 하나가 되었네요.

인스타에 내내 만화 연재를 하면서 봤던 댓글들 중에 "이렇게 매일 서로 장난치며 살고 싶어요. 결혼하고 싶어지는 만화예요!" 라는 댓글이 유난히 많았어요.

웃겼던 일만! 그리는 만화라 저희 부부의 밝은 면만 보시고 하는 말씀일 테고, 저희도 알고 보면 정말 많이 투닥거리는 커플이기 때문에 내심 걱정이 되긴 합니다만,

그래도 이런 기회로 결혼에 대한 행복한 상상을 하며 즐거워하실 수도 있다는 생각에 한편으로는 미소가 지어지기도 합니다.

그런 만화들이 모여 이렇게 책으로 만들어졌어요.

우리의 이야기를 소장하고 싶다는 분들께도 전할 수 있고 저희 부부가 일상을 기억할 수 있는 또 다른 수단이 생긴 것 같아 몹시 기쁜 마음입니다. :) 이게 다 여러분들 덕분이겠죠? 정말 감사합니다. 완벽하진 않지만 재밌게 보셨기를 바랍니다.

앞으로도 저희의 일상툰은 계속될 예정입니다. 기록하고 싶은 일들은 아직도 많고, 특히나 한 번씩 다투고 난 뒤 만화를 돌아보게 되면 화해할 수 있는 건더기들이 좀 생기거든요. 후 후 후 후 후 후 후 후 후 후

언제까지나 웃으며 건강하게 지내기를 기약해보며 책을 마칩니다.
감사합니다.

장르는 로맨틱 코미디입니다

초판 1쇄 발행 2019년 06월 20일

지은이 왈가 (정선주)
발행인 정영욱

책임편집 김 철 | **표지 디자인** 정영주 | **내지 디자인** 성영주
도서기획제작팀 김 철 여태현 김태은 정영주 정소연
디자인·마케팅팀 표인권 유채원 홍채은 김은지 김진희

펴낸곳 (주)BOOKRUM | **주 소** 서울특별시 구로구 구로동 237 지하이시티 1813호
전 화 070-5138-9972~3 (도서기획제작팀) | **이메일** editor@bookrum.co.kr
홈페이지 www.bookrum.co.kr | **인스타그램** bookrum.official
포스트 http://post.naver.com/s2mfairy | **블로그** http://blog.naver.com/s2mfairy

ISBN : 979-11-6214-280-6

ⓒ 왈가 (정선주), 2019

※ 파본은 구입하신 서점에서 교환해드립니다.

※ 이 책은 주식회사 부크럼과 저작권자와의 계약에 따라 발행한 것이므로 본사의 서면 허락 없이는 어떠한 형태나 수단으로도 이 책의 내용을 이용하지 못합니다.

※ 이 도서의 국립중앙도서관 출판시도서목록(CIP)은 서지정보유통지원시스템 홈페이지 (http://seoji.nl.go.kr)와 국가자료공동목록시스템 (http://www.nl.go.kr/kolisnet/)에서 이용하실 수 있습니다.

※ 오탈자 및 잘못 표기된 부분은 위 이메일 주소로 보내주시면 감사하겠습니다.